T0401335

¿QUÉ ES CTIAM?

LA INGENIERÍA DE CTIAM

BY THERESA EMMINIZER

Please visit our website, www.garethstevens.com. For a free color catalog of all our high-quality books, call toll free 1-800-542-2595 or fax 1-877-542-2596.

Library of Congress Cataloging-in-Publication Data
Names: Emminizer, Theresa, author.
Title: La Ingeniería de CTIAM / Theresa Emminizer.
Description: Buffalo : Gareth Stevens Publishing, [2024] | Series: What is STEAM? | Includes index.
Identifiers: LCCN 2022053337 (print) | LCCN 2022053338 (ebook) | ISBN 99781538291009 (library binding) | ISBN 9781538290996 (paperback) | ISBN 99781538291016 (ebook)
Subjects: LCSH: Engineering–Juvenile literature.
Classification: LCC TA149 .E46 2023 (print) | LCC TA149 (ebook) | DDC 620–dc23/eng/20221110
LC record available at https://lccn.loc.gov/2022053337
LC ebook record available at https://lccn.loc.gov/2022053338

Published in 2024 by
Gareth Stevens Publishing
2544 Clinton Street
Buffalo, NY 14224

Designer: Leslie Taylor
Editor: Theresa Emminizer
Translator: Michelle Richau

Photo credits: Cover Zivica Kerkez/Shutterstock.com; Series Art (background objects) N.Savranska/Shutterstock.com; p. 5 karelnoppe/Shutterstock.com; p. 7 Gorodenkoff/Shutterstock.com; p. 9 imtmphoto/Shutterstock.com; p. 11 Ground Picture/Shutterstock.com; p. 13 Brocreative/Shutterstock.com; p. 15 Ana Hollan/Shutterstock.com; p. 17 Chaosamran_Studio/Shutterstock.com; p. 19 Olena Yakobchuk/Shutterstock.com; p. 21 Ground Picture/Shutterstock.com.

Printed in the United States of America

CPSIA compliance information: Batch #CSGS24: For further information contact Gareth Stevens at 1-800-542-2595.

CONTENIDO

Palabras en **negrita** aparecen en el glosario.

Sobre CTIAM

CTIAM significa la ciencia, la tecnología, la ingeniería, el arte, y las matemáticas. Quizás estas palabras te parecen muy diferentes, pero todos son formas de **explorar** el mundo que nos rodea y encontrar las respuestas a nuestras preguntas. En este libro, aprenderás sobre la ingeniería de CTIAM.

¿Qué es la ingeniería?

La ingeniería es el uso de las ciencias y las matemáticas para construir mejores objetos, o cosas. Las personas que practican la ingeniería se llaman ingenieros. Los ingenieros planean y construyen máquinas, **sistemas**, y **estructuras**. Se puede agrupar el trabajo de la ingeniería en ramas diferentes: civil, eléctrica, mecánica, y química.

La ingeniería civil

Los ingenieros civiles planean y construyen la infraestructura. La infraestructura consiste de sistemas y estructuras que hacen que una comunidad funciona. Las calles, los puentes, los edificios, y los túneles, todos son partes de la infraestructura. Los ingenieros civiles trabajan en oficinas pero también en los sitios de la construcción, o de construir.

La ingeniería eléctrica

Los ingenieros eléctricos estudian y **diseñan** los sistemas eléctricos y aparatos, o herramientas. ¡Muchos de estos aparatos son cosas que usamos cada día! Las pilas, los teléfonos inteligentes, las computadoras, y los relojes inteligentes, todos fueron creados, o hechos, por los ingenieros eléctricos. Los ingenieros eléctricos también diseñan la **robótica** y los **drones**.

La ingeniería mecánica

Los ingenieros mecánicos trabajan con las máquinas y los sistemas mecánicos. Mucho de la ingeniería mecánica tiene que ver con las partes de un sistema movible. Un ingeniero mecánico puede trabajar con coches, aviones, o montañas rusas. O quizás trabaja con las herramientas de la **manufactura**, como una máquina de coser.

La ingeniería química

Los ingenieros químicos trabajan con las químicas. Una química es material que se puede combinar con otras materias para causar cambios. ¡Si alguna vez has hecho una camisa de tie-dye, eso es una reacciona química, o un cambio! Los ingenieros químicos trabajan con la comida, las bebidas, el maquillaje, y más.

Las habilidades de la ingeniería

No importa cual rama practican, todos los ingenieros usan muchas ciencias y matemáticas. Los ingenieros deben ser curiosos, hacer preguntas, y pensar en una manera creativa para encontrar formas creativas de resolver, o solucionar, problemas.

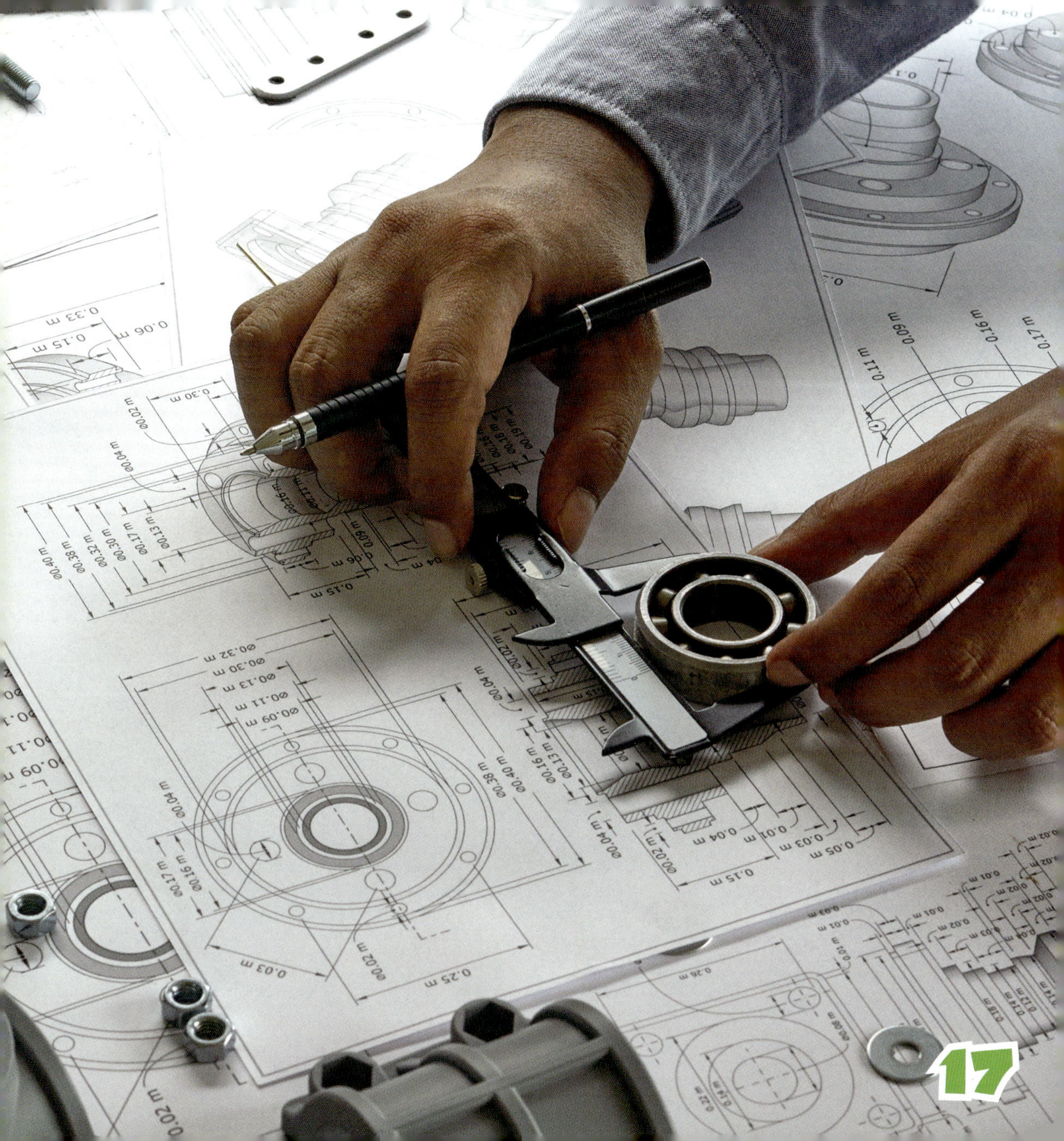

¿Eres ingeniero?

¿Te preguntas sobre cómo funcionan las cosas? ¿Son tus clases favoritas las matemáticas y las ciencias? Quizás te gustan los juguetes mecánicos, como coches electrónicos o los drones. Quizás te diviertas **experimentar** con las químicas. ¡Quizás tienes lo que se necesita para ser ingeniero!

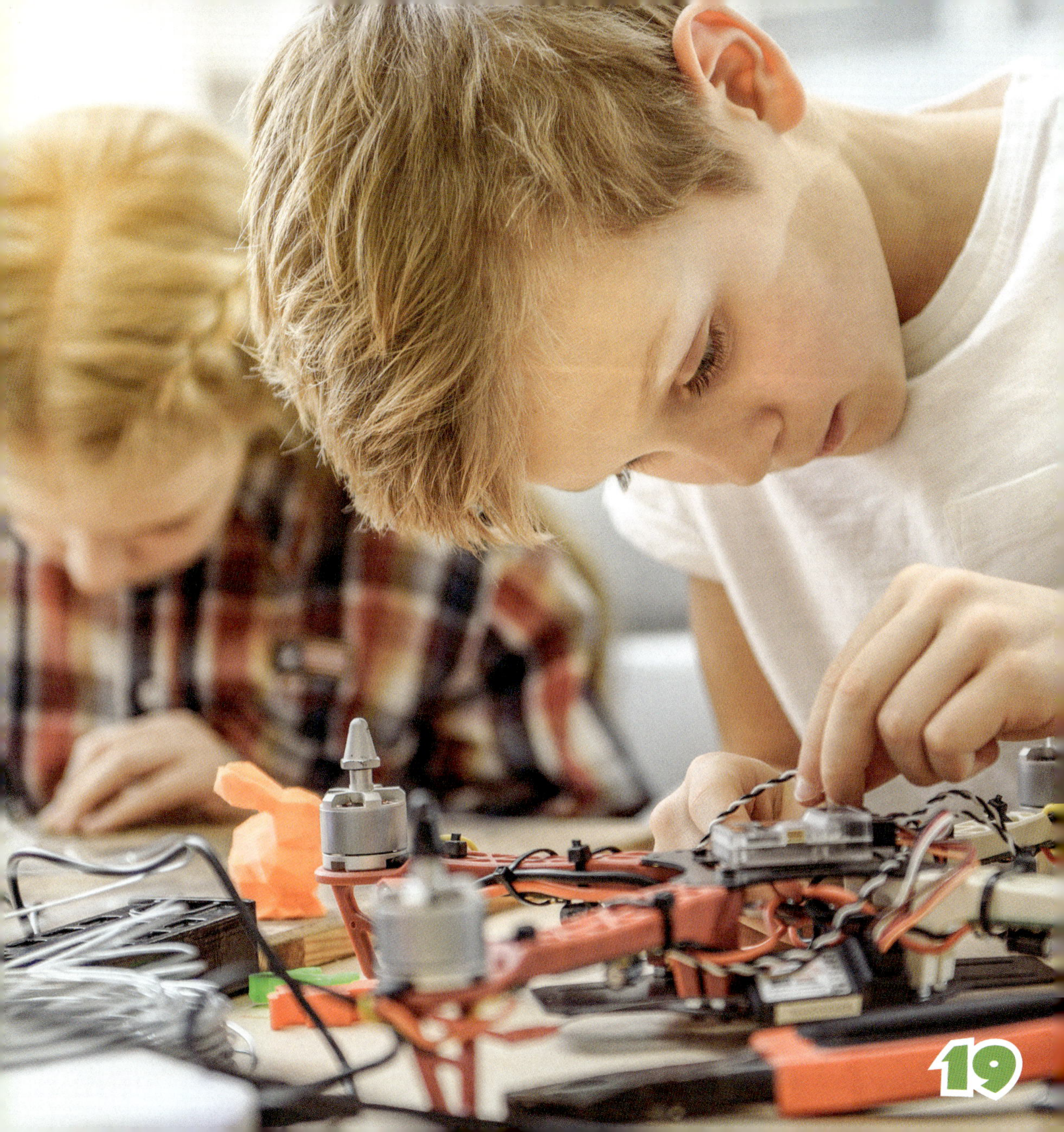

Muchas ramas, una meta

Hay muchos tipos diferentes de ingeniero. Pero la **meta** de un ingeniero es resolver problemas y crear cosas que hacen mejor las vidas de las personas. Los ingenieros hacen la infraestructura, los aparatos, las máquinas, y las comidas que usamos cada día. ¿Es la ingeniería el camino para ti?

GLOSSARIO

diseñar: Crear un patrón o la forma de algo.

dron: Un vehículo o máquina aéreo que no necesita un piloto para volar.

estructura: Algo construido.

experimentar: Hacer pruebas científicas o acciones para aprender sobre algo.

explorar: Buscar para encontrar o aprender nuevas cosas.

manufactura: Hacer productos con máquinas en fábricas.

meta: Algo importante que alguien quiere hacer.

robótica: Tiene que ver con los robots.

sistema: Un grupo con partes que funcionan juntos.

MÁS INFORMACIÓN

LIBROS

McAneney, Caitie. *20 Fun Facts About Famous Bridges*. New York, NY: Gareth Stevens Publishing, 2020.

Salt, Zelda. *Be an Aerospace Engineer*. New York, NY: Gareth Stevens Publishing, 2019.

SITIOS WEB

Las chicas negras programan código
wearebgc.org
Aprender más sobre los programas ingenieras y como puedes involucrarse.

Chica ingeniera
www.engineergirl.org/6076/Mechanical-Engineer
¡Descubre si tienes lo que se necesita para ser ingeniera!

Nota del editor a los educadores y padres: nuestro personal especializado ha revisado cuidadosamente estos sitios web para asegurarse de que son apropiados para los estudiantes. Muchos sitios web cambian con frecuencia, así que no podemos garantizar que su contenido futuro cumpla con nuestros estándares de calidad y valor educativo. Tengan presente que se debe supervisar cuidadosamente a los estudiantes siempre que tengan acceso al Internet.

ÍNDICE